POLIDORE,

TRAGEDIE

REPRÉSENTÉE POUR LA PREMIERE FOIS,

PAR L'ACADEMIE ROYALE

DE MUSIQUE,

Le Jeudy quinziéme de Fevrier 1720.

Remise au Théâtre, le Mardy vingt-un Avril 1739.

DE L'IMPRIMERIE

De Jean-Baptiste-Christophe Ballard,

Seul Imprimeur du Roy, et de l'Academie Royale de Musique.

A Paris, au Mont-Parnasse ruë Saint-Jean-de-Beauvais.

M. D C C X X X I X.

AVEC PRIVILEGE DU ROY.

LE PRIX EST DE XXX. SOLS.

ACTEURS, ET ACTRICES
des Chœurs du Prologue, et de la Tragedie.

CÔTE' DU ROY.

Mesdemoiselles	Messieurs
Dun,	Marcelet,
	St. Martin,
Delorge,	Le Mesle,
	Lefebvre,
Varquin,	Rimbault,
Duplessis,	Buseau,
	François,
La Fontaine,	Duplessis,
	Lorette,
Varlet,	Houbault,
Coupée.	Fel.

CÔTE' DE LA REINE.

Mesdemoiselles	Messieurs
Antier-C.,	De Serre,
	Louëtte,
Thetelette,	Gratin,
	Groslier,
Lavalée,	Deshais,
Deshaigles,	Mechain-C.
	Gallard,
Cartou,	Borner,
Selim,	Bourque,
Jacquet.	Duchenet.

PROLOGUE.

ACTEURS CHANTANTS.

NEPTUNE,   Mr. Dun.
TRITON,   Mr. Jelyot.
VENUS,   Mlle. Jullye.
THETIS,   Mlle. Fel.
Chœurs de Nereides, et de Tritons.
Troupe de Jeux, et de Plaisirs.
LES GRACES.

ACTEURS DANSANTS.

SUITE DE NEPTUNE;

Monsieur Matignon.
Messieurs Javillier-3. Dumay, Dupré,
Thessier, Hamoche.

SUITE DE THETIS;

Mademoiselle Le Breton ;

Mesdemoiselles Durocher, Erny, Courcelle, Thiery.

SUITE DE VENUS.

LES GRACES;

Mesdemoiselles Petit, Fremicourt, Saint-Germain.

POLIDORE.

PROLOGUE.

Le Théâtre repréſente l'endroit le plus délicieux
de l'Iſle de Cythere.
Les Tritons & les Nereides ſont rangez ſur les
côtez. La Mer paroît dans le fond.

SCENE PREMIERE

TRITON, ET SA SUITE.

TRITON.

Que rien ne trouble nos Concerts ;
Que les Vents & les Flots dans une paix profonde,
Reconnoiſſent le Dieu des Mers,
Et la Souveraine de l'Onde.
Ils viennent embellir le paiſible ſéjour
Où regnent Venus, et l'Amour.

POLIDORE,

Volez, Zephirs, volez sur la liquide Plaine;
Regnez avec les Ris, les Plaisirs, et les Jeux;
Qu'on ne respire ici que vôtre douce haleine.

Fiers Aquilons, Vents orageux,
Qu'Eole à jamais vous enchaîne;
Ne troublez point la paix de l'Empire amoureux.

LE CHOEUR.

Volez, Zephirs, volez sur la liquide Plaine;
Regnez avec les Ris, les Plaisirs, et les Jeux;
Qu'on ne respire ici que vôtre douce haleine.

Fiers Aquilons, Vents orageux,
Qu'Eole à jamais vous enchaîne;
Ne troublez point la paix de l'Empire amoureux.

NEPTUNE, ET THETIS sortent de la Mer.

SCENE II.

SCENE II.

NEPTUNE, THETIS,

Et les Acteurs de la Scene précédente.

NEPTUNE,

Tritons, faites silence.

THETIS.

Ecoutez Nereïdes.

NEPTUNE.

C'est pour célébrer l'heureux jour
Qui donna la naissance à la Mere d'amour,
Que nous sortons de nos Grotes humides.

NEPTUNE, ET THETIS.

Elevez vos voix jusqu'aux Cieux.

NEPTUNE.

Secondez vôtre Reine.

THETIS.

Imitez vôtre Maître.

ENSEMBLE.

Que Venus triomphe en ces lieux :
Le jour heureux qui la vit naître,
Commença le bonheur des Mortels, et des Dieux.

é

x POLIDORE,

CHOEUR.

Elevons nos voix jusqu'aux Cieux ;
Que Venus triomphe en ces lieux :
Le jour heureux qui la vit naître,
Commença le bonheur des Mortels , et des Dieux.

ENTRÉE DE TRITONS , ET DE NEREIDES.

THETIS.

Venus , ton aimable Empire
Rend heureux ce beau séjour ;
Jusqu'à l'air qu'on y respire
Tout y fait naître l'amour.

On danse.

Le Théâtre paroît plus éclairé.

THETIS.

Mais quel éclat nouveau sur nous vient se répandre!
Quelle Divinité vient s'offrir à nos yeux ?

NEPTUNE.

Ces doux concerts que l'on nous fait entendre
Annoncent Venus en ces lieux.

VENUS descend dans son Char.

SCENE III.

VENUS,

Et les Acteurs de la Scene précédente.

VENUS.

Que je suis sensible à l'hommage
Que les Dieux de la Mer me rendent en ce jour!
Je quitte sans regret le celeste séjour
Pour jouir en ces lieux d'un si doux avantage.

Vous, à mes loix toujours soumis,
Volez Plaisirs, volez, brillez, de nouveaux charmes;
Il n'est point de plus sûres armes
Pour faire triompher mon Fils.

Les Amours, & les Plaisirs volent des quatre coins du Théâtre.

ENTRE'E DES GRACES, ET DES PLAISIRS.

VENUS.

Ici tout s'empresse
D'engager son cœur;
Le Zephir caresse
La naissante Fleur;
L'Oiseau qu'Amour blesse
Chante son bonheur.

POLIDORE,

L'Onde fugitive
Par mille détours,
Prolonge son cours ;
Et triste & plaintive,
Regrette la Rive
Des tendres Amours.

On danse.

TRITON.

L'Amour triomphe de nos cœurs ;
Applaudissons à sa victoire :
Il répand sur nous ses faveurs ;
Pouvons-nous trop chanter sa gloire !

Brûlons de ses aimables feux ;
Cherissons jusqu'à ses allarmes :
C'est pour nous rendre plus heureux
Qu'il nous fait verser quelques larmes.

L'Amour triomphe de nos cœurs ;
Applaudissons a sa victoire :
Il répand sur nous ses faveurs ;
Pouvons-nous trop chanter sa gloire ?

On danse.

VENUS, à THETIS.

Malgré le zele ardent qui pour moi vous anime,
Il me souvient toujours, genereuse Thetis,
Qu'un Peuple qui m'est cher fut la triste victime
De la valeur de vôtre Fils.

Si vous voulez que je l'oublie,
Il faut que par d'aimables nœuds
Le sang d'Achille au sang d'Hector s'allie.

THETIS.

Venus, vous prévenez mes vœux ;
Que ce jour nous reconcilie.

NEPTUNE.

O Jour, cent & cent fois heureux !

NEPTUNE, VENUS, THETIS.
ENSEMBLE.

Puisse la plus belle chaîne
Couronner un si beau jour.
Quelle gloire pour l'Amour
De triompher de la Haine !

CHOEUR.

Puisse la plus belle chaîne
Couronner un si beau jour.
Quelle gloire pour l'Amour
De triompher de la Haine.

FIN DU PROLOGUE.

ACTEURS CHANTANTS
DE LA TRAGEDIE.

POLYMNESTOR, *Roi de Thrace*,   M^r. Albert.

ILIONE, *Fille de Priam, femme de Polymneſtor*,   Mlle. Antier.

POLIDORE, *Fils de Priam, crû* DEIPHILE.   M^r. Le Page.

DEIDAMIE, *Fille d'Achille*,   Mlle Pellicier.

STHENELUS, *General de la Grece*,   M^r. Mechain.

TIMANTE, *Vieillard Troyen*,   M^r. Cuvillier.

THEANO, *Enchantereſſe Thraciene*,   Mlle Eeremans.

LE GRAND-PRESTRE, *de l'Hymen*,   M^r. Dun.

L'OMBRE *de Deiphile*.   M^r. Gallard.

Troupe de Thraces & de Thraciennes.

UN THRACE,
UN GREC,   M^r. Jelyot.

Troupes de Grecs & de Grecques.

Troupe de Matelots Grecs.

UNE MATELOTTE,   Mlle. Fel.

Troupe de Magiciens & de Magiciennes.

Troupe de Troyens.

La Scene eſt à SESTOS, Ville maritime & capitale de la Thrace.

ACTEURS DANSANTS
de la Tragedie.

PREMIER ACTE.

GRECS;
Monſieur Dupré ;
Meſſieurs Savar , Javillier-C., La Croix ,
Dangeville , P-Dumoulin.

GRECQUES;
Meſdemoiſelles Courcelle , Thiery , St. Germain,
Durocher , Petit.

SECOND ACTE.
THRACES;
Meſſieurs Javillier-3. , Dumay , Dupré.
THRACIENNES;
Meſdemoiſelles Erny , Durocher , Petit.
MATELOTS;
Monſieur Malter-3. ;
Meſſieurs Malter-L. , Hamoche , Theſſier ,
F-Dumoulin.
MATELOTTES;
Mademoiſelle Mariette ;
Meſdemoiſelles St. Germain , Courcelle ,
Fremicourt.

TROISIE'ME ACTE.

GRECS, ET GRECQUES;

Monfieur D-Dumoulin ;

Meffieurs Savar, Javillier-C., La Croix ;

Mefdemoifelles Thiery, Courcelle, St. Germain.

THRACES, ET THRACIENNES;

Mademoifelle Sallé ;

Meffieurs Javillier-3. Dumay, Dupré ;

Mefdemoifelles Erny, Durocher, Petit.

QUATRIE'ME ACTE.

MAGICIENS;

Monfieur Malter-C. ;

Meffieurs Savar, La Croix, Dangeville,

P- Dumoulin, Matignon.

MAGICIENNES;

Mefdemoifelles Le Breton, Fremicourt,

Dallemand-L., **Petit**, Erny, Durocher.

POLIDORE,

POLIDORE,
TRAGEDIE.

ACTE PREMIER.

Le Théatre repréfente une Place publique :
On voit dans le milieu un Autel, élevé en l'honneur
du Dieu MARS, Divinité tutelaire de la Thraçe.

★★

SCENE PREMIERE.
ILIONE.

Implacable Dieu de la Guerre,
C'eſt envain que dans ta fureur
Tu fais trembler toute la Terre,
Envain tu la remplis de carnage & d'horreur :

C'eſt toi-même que j'en atteſte.
Non, tu n'as rien de ſi cruel
Que la Paix ſanglante & funeſte
Qu'on va jurer ſur ton Autel !
Mon Frere va perir, nul eſpoir ne me reſte.

A

POLIDORE,

Mes Yeux, au sang qui va couler,
Pouvez-vous donner trop de larmes ?

Polidore échappé de la fureur des armes,
Des malheurs d'Ilion pouvoit me consoler ;
C'est peu de m'arracher un bien si plein de charmes,
Sur un barbare Autel les Grecs vont l'immoler.
Mes Yeux, &c.

SCENE II.
ILIONE, TIMANTE.

ILIONE.

AH ! Timante, sçais-tu quel doit être le sort
Du Frere malheureux de la triste Ilione ?

TIMANTE.
Quoi ! Polidore....

ILIONE.
On va le conduire à la mort :
Et c'est mon Epoux qui l'ordonne.

TIMANTE.
Quoi ! ce Prince si cher, à lui seul confié,
Par lui-même aujourd'hui seroit sacrifié ?

ILIONE.
Tu fus témoin de ma frayeur mortelle,
Lorsque, pour nous cacher le plus noir des forfaits,
Le Roi nomma mon frere, Otage de la Paix :
Tu sçais qu'à THEANO l'Avenir se révèle,

J'allai la consulter, pour calmer mon effroi :
Ecoute sa réponse, et frémis avec moi.

Malgré le serment qui l'engage,
Polymnestor te doit faire trembler ;
De la Paix quelque soit l'Otage,
Calchas l'attend pour l'immoler.

TIMANTE.

Reine, vôtre douleur m'arrache
Un secret qu'avec soin dès long-tems je vous cache ;
Polidore, et le Fils du Roi,
Par vous, dès leur plus tendre enfance,
Ont été commis à ma foi.
Polidore est sauvé.

ILIONE.

Tu me rends l'esperance.

TIMANTE.

Par un échange heureux, j'ai trompé la vengeance
De vos plus cruels ennemis.

ILIONE.

Qu'entens-je ? Quoi ! le Roi... je tremble, je frémis !

TIMANTE.

Son crime est plus grand qu'il ne pense,
Il va livrer aux Crecs, Deiphile son Fils.

A ij

S C E N E III.

POLYMNESTOR, ILIONE.

POLYMNESTOR.

QVe ces apprêts font doux à mes regards !
Reine, c'est d'aujourd'hui que mon regne commence.
  Bientôt fur les Autels de Mars,
Les Grecs vont me jurer une fainte Alliance ;
A preffer avec eux ce Traité folemnel ,
  Le bien de mes Sujets m'anime.

I L I O N E.

 Seigneur, vous me parlez d'Autel,
 Et vous me cachez la Victime.

POLYMNESTOR, à part.

Dieux ! fçauroit-elle mon fecret !

I L I O N E.

Mon Frere...

POLYMNESTOR.

  De la Paix , vôtre Frere eft le gage.
 Hé , quoi ? voyez-vous à regret
Qu'une Fille d'Achille avec mon Fils s'engage ?
Vous fçavez que leurs cœurs brûlent des plus beaux
       feux ;
  Il eft temps de les rendre heureux.

ILIONE.

Mon Frere ... je frémis. Sous un vain nom d'Otage
De la main de Calchas il doit être immolé.
Ce myſtere odieux n'eſt que trop dévoilé.

POLYMNESTOR.

Que dites-vous ? qui peut vous tenir ce langage ?
Grands Dieux !

ILIONE.

Seigneur, tremblez pour vous.
Prêt à tout immoler à la grandeur ſuprême,
Craignez de trop ſervir un barbare couroux,
Et qu'enfin les Dieux ſur vous-même,
Ne faſſent retomber vos coups.
On oſe chercher dans la Thrace
Un Prince qu'en vos mains Priam avoit remis :
Craignez qu'on ne porte l'audace
Juſqu'à vous demander le Sang de vôtre Fils.
Vous tremblez comme Roi, frémiſſez comme Pere.

POLYMNESTOR.

Qu'oſez-vous preſſentir ?

ILIONE.

C'eſt le Ciel qui m'éclaire.

POLIDORE,

Soyez sensible à ma douleur.

POLYMNESTOR.

On vient, retirez-vous.

ILIONE.

O fortune cruelle!

POLYMNESTOR.

Dérobez à mon Fils vôtre frayeur mortelle,
Ou craignez ma juste fureur.

ILIONE, *en se retirant.*

Ciel! confonds des projets qui me glacent d'horreur.

* * *

SCENE IV.

POLYMNESTOR, STHENELUS;
Troupe de THRACES; Troupe de GRECS.

POLYMNESTOR.

PEuples, à qui la Grece a donné la naissance,
Et vous qui vivez sous mes Loix;
La Paix comble vôtre esperance;
Unissez vos destins, et vos cœurs, et vos voix.

LES CHOEURS.

Jeux & Plaisirs, rassemblez-vous ;
Volez, que rien ne vous arrête,
Brillez dans cette auguste Fête,
Regnez à jamais parmi nous.

On danse.

POLYMNESTOR, à STHELENUS.

Vous qui représentez tous les Rois de la Grece,
Voyez si je tiens ma promesse.
Seigneur, aprochons de l'Autel,
Qu'un auguste Serment l'un à l'autre nous lie.
Et qu'en ce jour à jamais solemnel,
Des Thraces & des Grecs, l'attente soit remplie.

Un doux repos va combler nos souhaits ;
Quand le Ciel l'accorde à la Terre,
C'est le plus cher de ses bienfaits.
Attestons le Dieu de la Guerre,
Qu'il soit le garand de la Paix.

POLYMNESTOR, ET STHELENUS.

Dieu protecteur de cet Empire,
O Mars ! redoutable vengeur,
Par cet Autel, par la terreur
Que ton Nom sacré nous inspire,
Nous nous jurons d'être à jamais unis :
Que les Parjures soient punis.

LES THRACES, ET LES GRECS répétent le Serment.

UN THRACE.

Que la Paix avec tous ses charmes,
Fasse briller les plus beaux jours.

Que le bruit terrible des Armes
N'effarouche plus les Amours.

Que la Paix avec tous ses charmes,
Fasse briller les plus beaux jours.

Doux Plaisirs, suspendez le cours,
De nos soupirs & de nos larmes.
Qu'on ne ressente plus d'allarmes;
Aimables Jeux, regnez toujours.

Que la Paix avec tous ses charmes,
Fasse briller les plus beaux jours.

On danse.

POLYMNESTOR.

Seigneur, il faut remplir l'attente de la Grece.
Il est temps de livrer Polidore en vos mains,
Il doit assurer nos destins.

STHENELUS.

Nos Vaisseaux sur ces bords ont conduit la Princesse,
Seigneur, à leurs Sermens fideles à leur tour,
Les Grecs vont remplir leur promesse,
Ils n'attendent que mon retour.

FIN DU PREMIER ACTE.
ACTE II.

ACTE SECOND.

Le Théâtre represente la Rade de Sestos :
On découvre au loin la Flotte des Grecs,
dont une partie aborde lentement le Rivage.

SCENE PREMIERE.

ILIONE.

'En est donc fait ? le Roy n'a plus de Fils;
Je crains que tôt ou tard mon Frere ne partage
  Le sort affreux dont je frémis.
  Dieux ! eloignez de ce rivage
  De si terribles Ennemis.

 O toy puissant Maître de l'Onde,
Neptune, si jamais Ilion te fût cher,
  Détourne le coupable fer
Qu'on destine à verser le plus beau sang du monde.

Déchaînez-vous vents furieux,
Dispersez les vaisseaux qui menacent ces lieux;
Que tous les Elements leur déclarent la guerre,
Que les Flots mutinez s'élevent jusqu'aux Cieux.

Et vous, juste Vengeur des projets odieux,
Si, sur les crimes de la Terre,
Vous n'avez pas fermé les yeux,
Jupiter, lancez le Tonnerre :
Le sang des Rois, doit être cher aux Dieux.

Mais le voici, ce Sang que demande la Grece,
Ce Sang tant de fois menacé :
Dieux ! par ma secrete tendresse,
Vous l'aviez à mon cœur mille fois annoncé;
Cachons-lui son destin ; pour lui j'ai trop à craindre,
Ah ! qu'il m'en coutera pour feindre !

SCENE II.

ILIONE, POLIDORE, crû DEIPHILE.

POLIDORE, crû DEIPHILE.

REine, pour mon himen, la Thrace se prépare ;
    Je n'ose m'en faire un bonheur :
Je vois qu'un noir chagrin de vôtre ame s'empare,
Et je crains d'affliger & le Frere & la Sœur.

ILIONE

Prince, vôtre bonheur m'est plus cher qu'on ne pense.
S'il dépend aujourd'huy de recevoir la foi
    De la Beauté qui vers ces bords s'avance,
    Je vous réponds de mon Frere & de moi.

POLIDORE, crû D.

    Que cet aveu m'est favorable !
Dieux ! je deviens heureux sans devenir coupable.

    Je vais former d'aimables nœuds,
    De l'aveu de tout ce que j'aime !
    Je ne fais point de malheureux,
    J'en serai plus heureux moi-même.

ILIONE.

    Ne contraignez plus vôtre cœur :
Aimez, soyez heureux ; c'est ma plus chere envie,
    Le moment de vôtre bonheur
    Sera le plus doux de ma vie.

✻✻✻✻✻✻✻✻✻✻✻✻✻✻✻✻✻✻✻✻✻✻✻✻✻✻✻✻✻✻✻✻

S C E N E   I I I.
POLIDORE, crû DEIPHILE.

AH! mon destin est trop heureux;
La Reine écoute sans colere
Le récit de mes tendres feux;
Ah! que son amitié m'est chere!

Du plus charmant espoir je goûte la douceur;
L'Amour va couronner ma flâme.
Aux plus heureux transports j'abandonne mon âme;
Plaisirs qui m'enchantez, regnez seuls dans mon cœur.

Après une cruelle absence,
Je vais revoir ces yeux, dont la douce puissance
Allume les feux les plus beaux.
La Mere des Amours brilla moins sur les Eaux,
Dans l'heureux jour de sa naissance,
Que l'objet dont l'Amour flatte mon esperance.

Du plus charmant espoir je goute la douceur;
L'Amour va couronner ma flâme.
Aux plus heureux transports j'abandonne mon âme;
Plaisirs qui m'enchantez, regnez seuls dans mon cœur.

Mais la Princesse aborde ce Rivage,
Hâtons-nous, prévenons & le Peuple & le Roy;
L'Amour ne reserve qu'à moi
La gloire du premier hommage.

SCENE IV.

POLYMNESTOR, DEIDAMIE, POLIDORE ;
Troupes de Matelots Grecs, qui ont conduit
DEIDAMIE ; Peuples bordant le Rivage.

POLYMNESTOR,
donnant la main à DEIDAMIE fortant de fon
Vaiffeau.

Digne Sang des Heros, et digne Sang des Dieux,
  Recevez de ma main un Prince qui vous aime ;
    L'éclat dont brillent vos beaux yeux,
Vous eft un fûr garand de fon ardeur extrême.

DEIDAMIE.
Que mon cœur s'applaudit d'un fort fi glorieux !

POLIDORE, crû DEIPHILE.
    Le Dieu qui foûmet tous les Dieux
Sur la Thrace et fur moi, vous donne un jufte empire.

DEIDAMIE.
    Faire le bonheur de ces lieux
    Eft l'unique bien où j'afpire.

POLYMNESTOR.
Peuples, célébrez ce grand jour ;
Vous ne le devez qu'à l'Amour.

Que ce Rivage retentiſſe
Des chants les plus harmonieux:
Que la Terre, la Mer, les Cieux,
Que tout l'Univers applaudiſſe
A la Beauté qu'Amour fait regner en ces lieux.

CHOEUR.

Qu ce Rivage, &c.

On danſe.

DEIDAMIE,
Aux Matelots & aux Grecs de ſa Suite.

Vous qui m'avez conduite en ce lieu fortuné,
Du plus grand des Mortels chantez l'auguſte Mere.

Achille, dont la gloire encor vous eſt ſi chere,
A reçu de Thetis le jour qu'il m'a donné.
Si vous avez bravé l'orage,
Des bienfaits de Thétis reconnoiſſez l'ouvrage.

Chantez, animez vos concerts,
Signalez à l'envi vôtre reconnoiſſance;
Publiez les bienfaits, célébrez la puiſſance
De la Souveraine des Mers.

LE CHOEUR.

Chantons, &c.

Icy la Feſte change, et devient une Feſte Marine.

UNE SUIVANTE DE DEIDAMIE.

Il faut s'embarquer
Sur l'amoureux Neptune :
Tentons fortune ;
Pourquoi risquer
De la manquer ?
Dieu par qui l'on aime ,
Conduis-nous toi-même
Sur l'aîle des Zéphirs.
Aimable Empire ,
Où tout ne respire
Que les plaisirs !

Pour un tendre Amant
S'il est des vents à craindre ,
Doit-il s'en plaindre ?
L'Embarquement
Est si charmant !
Heureux s'il arrive
Jusque sur la Rive
Qui flatte ses desirs ;
Aimable Empire ,
Où tout ne respire
Que les plaisirs !

On danse.

UNE SUIVANTE DE DEIDAMIE.

Chantez, Oiseaux, sous cet ombrage,
Chantez vos desirs amoureux ;
Célébrez par un doux ramage,
Le bonheur de vos tendres feux.

La Paix regne sur cette Rive,
Le Ciel brille du plus beau jour ;
La Discorde à jamais captive,
Sert au triomphe de l'Amour.

Chantez, Oiseaux, sous cet ombrage,
Chantez vos desirs amoureux ;
Célébrez par un doux ramage,
Le bonheur de vos tendres feux.

POLYMNESTOR.

Dieu d'Hymen, hâte-toi de descendre des Cieux,
Viens achever le bonheur de ces lieux.

FIN DU SECOND ACTE.

ACTE III.

ACTE TROISIÉME.

Le Théâtre repréſente le Temple de L'HYMEN.

SCENE PREMIERE.

DEIDAMIE, POLIDORE, crû DEIPHILE.

POLIDORE.

Our mon bonheur en ces lieux tout s'apprête,
Et l'Hymen, et l'Amour en ordonnent la Fête.
Princeſſe, mes tranſports.... mais que vois-je,
               grands Dieux !
Quel trouble paroît dans vos yeux ?

DEIDAMIE.

L'Hymen qui l'un à l'autre en ce jour nous engage,
Aux feux de l'Amour même allume ſon flambeau :
    Mais il n'eſt point de jour ſi beau
    Que ne trouble quelque nuage.

C

POLIDORE, crû D.
O Ciel! qui peut vous allarmer?
Expliquez-vous: Parlez sans vous contraindre.
Au nom du plus beau feu....
DEIDAMIE.
Que ne puis-je l'éteindre!
L'Amour a trop sçû m'enflâmer,
Je ne sçai si je dois m'en plaindre:
Mais, je n'aurois pas tant à craindre,
Si mon cœur pouvoit moins aimer.
POLIDORE, crû D.
Qui peut donc vous causer cette douleur mortelle?
DEIDAMIE.
Ah! je frémis d'horreur quand je me le rapelle.
La nuit, d'un sombre voile avoit couvert les Cieux;
Je goûtois un repos tranquille,
Quand tout-à-coup l'Ombre d'Achille
Dans un songe, a frappé mes yeux:

J'approuve, m'a-t'il dit, l'hymen où l'on t'engage;
Mais, redoute du Sort les plus funestes coups;
Tremble! un péril affreux menace ton Epoux:
Le Destin me défend d'en dire davantage.
Il dit, je l'approche, il me fuit,
Je le suis, je le perds dans l'ombre de la nuit.
Dieux! puis-je, sans frémir, achever ce qui reste.
Helas! à cet objet si cher
Succede un Spectacle funeste:

Je vois briller par tout & la flâme & le fer,
Tout retentit de cris horribles .
Ciel ! à travers ces bruits confus ,
Je n'entends que ces mots terribles :
Deiphile n'est plus.

POLIDORE, crû D.

Vous tremblez pour mes jours. Ah! divine Princesse...
Mais, etouffez des regrets superflus.

DEIDAMIE.

Vous haissez les Grecs.

POLIDORE, crû D.

Que vôtre crainte cesse.
La haine parle en vain , je ne l'écoute plus ;
A peine tout mon cœur suffit à ma tendresse :
Ne songeons qu'à l'hymen qui doit nous rendre
heureux.
Hâtons-nous d'en former les nœuds.

DEIDAMIE.

Nos cœurs d'un nœud plus fort vont s'unir l'un &
l'autre :
Songez , Prince , songez qu'après un tel lien
On ne sçauroit percer le vôtre,
Que l'on n'arrive jusqu'au mien.

ENSEMBLE.

Hymen , c'est l'Amour qui t'appelle,
Réponds à son empressement :
Nous allons nous jurer une foi mutuelle,
Tendre Amour , préside au Serment.

SCENE II.

POLYMNESTOR, DEIDAMIE, POLIDORE,
LE GRAND-PRESTRE DE L'HYMEN;
Troupe de Prestres de sa Suite, Peuples de Thrace,
Grecques de la Suite de DEIDAMIE.

POLYMNESTOR, à DEIDAMIE.

CHer Objet de nos vœux, reste du Sang d'Achille,
Le sort que nous goûtons vous doit tous ses attraits.
La Paix rend ce jour tranquille,
L'Hymen va couronner l'ouvrage de la Paix.

Chantez, célébrez tour à tour
Le Dieu d'hymen, le Dieu d'amour.
Chantez, célébrez la victoire
Dont ces Dieux partagent la gloire.

CHOEUR. *Chantons, célébrons, &c.*

On danse.

LE GRAND-PRESTRE.

Dieu d'hymen, de nos vœux daigne accepter l'hommage,
Pour ces tendres Amants allume ton flambeau;
L'Amour unit leurs cœurs, acheve un sort si beau;
Que leur bonheur soit ton ouvrage.

UN THRACE.

Accourez, doux Plaisirs, volez aimables Jeux;
L'Hymen rend deux Amants heureux.

Il veut de leur bonheur extrême
Que les Dieux-mêmes soient jaloux ;
Il est si charmant & si doux
Qu'on le prendroit pour l'Amour-même.

Accourez, doux Plaisirs, volez aimables Jeux ;
L'Hymen rend deux Amants heureux.

On danse.

LE GRAND-PRESTRE.

Approchez, il est temps que l'Hymen vous unisse :
Puissiez-vous, puissions-nous être heureux à jamais !
C'est à toy, Dieu propice,
De serrer les nœuds de la Paix.

On entend un bruit souterrain, le Temple en est
ébranlé, et l'Autel renversé.

LE GRAND-PRESTRE.

L'air mugit, la terre tremble.
Quel bruit ! tout l'Enfer s'assemble.
Armez-vous Dieux immortels,
Faut-il que l'Enfer se vante
D'oser porter l'épouvante,
Jusqu'aux pieds de vos Autels ?

LE CHOEUR.

L'Enfer menace la Terre :
Dieux ! daignez nous secourir ;
Lancez, lancez le Tonnerre,
Nous laisserez-vous périr ?

 POLIDORE,

LE GRAND-PRESTRE.

Que vois-je ? quel effroi de mon ame s'empare !
Quels cris font retentir l'Antre affreux du Tenare!
Ecoûtons… Mânes gemissans,
Vous demandez une Victime ;
Son nom…. ah ! vous glacez mes sens.
Vous voulez expier le crime par le crime.
Dieux ! qui faut-il venger ? Dieux! qui faut-il punir?
Je ne puis regarder sans une horreur extrême
Ni le passé ni l'avenir.
Roi, Peuples, frémissez ; l'Enfer frémit lui-même.

POLYMNESTOR.

Que demande l'Enfer? que prétendent les Dieux?
Mais, qu'est-ce que je vois? Sthenelus en ces lieux,
Ciel ! quel trouble !

S C E N E   I I I.

STHENELUS, et les Acteurs de la Scene
précédente.

STHENELUS.

ORdonnez, Seigneur, qu'on se retire.

POLYMNESTOR.

Qu'on nous laisse.

DEIDAMIE, ET POLIDORE, crû D.

O sort rigoureux !
Faut-il que contre nous tout s'arme, tout conspire
Quand nous sommes prêts d'être heureux.

SCENE IV.

POLYMNESTOR, STHENELUS.

POLYMNESTOR.

A-T'on immolé Polidore ?

STHENELUS.

Vous ne sçavez que trop qu'il échappe à nos coups.
Croyez-vous nous tromper encore ?

POLYMNESTOR.

Moi, vous tromper ! que dites-vous ?

STHENELUS.

Que c'est en vain qu'on nous abuse.
Songez-y bien. C'est vous que la Grece en accuse.

Du sein du malheureux à l'Autel présenté,
Calchas retire à peine un bras ensanglanté ;
Le coup mortel, suivi d'un éclat de Tonnere,
Fait frémir à la fois & les flots & les airs ;
 Le Ciel étincelant d'éclairs
  Marque son courroux à la Terre.
Calchas, de la Victime interroge le flanc,
 Et rompant enfin le silence :
  Non, dit-il, ce n'est pas le sang
  Que demande nôtre vengeance.

POLYMNESTOR.

Quels prodiges par tout glacent mon cœur d'effroi!
Quoy, l'Enfer & le Ciel sont armez contre moi!
Que je suis malheureux!

STHELENUS.

Laissez tout artifice.

POLYMNESTOR.

Si vous êtes trompé, je le suis comme vous.
L'affront nous est commun, Seigneur, unissons-nous.
Que Timante nous éclaircisse.
Il faut qu'il parle, ou qu'il périsse.

STHENELUS.

C'est à vous de percer un mystere odieux.
C'est à moi de remplir les ordres de la Grece:
Elle demande la Princesse,
Je vais la disposer à partir de ces lieux.

FIN DU TROISIE'ME ACTE.

ACTE IV.

ACTE QUATRIÉME.

<hr>

Le Théâtre repréfente les Jardins du Palais de
POLYMNESTOR.

SCENE PREMIERE.
DEIDAMIE.

Eaux lieux, qui me flattiez de l'efpoir le plus
doux,
Ecoûtez mes foupirs, voyez couler mes
larmes.
Un rigoureux devoir vient m'arracher à vous :
Ah! faut-il qu'à jamais je perde tous vos charmes?
J'allois d'un tendre Amant faire un heureux Epoux ;
L'Hymen nous promettoit des plaifirs fans allarmes ;
Helas! que nôtre fort auroit fait de jaloux!

Beaux lieux, qui me flattiez de l'efpoir le plus doux,
Ecoûtez mes foupirs, voyez couler mes larmes.

D

SCENE II.

POLIDORE, DEIDAMIE.

POLIDORE, crû D.

Qu'ais-je appris ? ah, Princesse, ais-je bien entendu ?
Agité, tremblant, éperdu,
Un affreux desespoir auprès de vous m'ameine.
Vous allez partir de ces lieux !

DEIDAMIE.

Nôtre infortune est trop certaine :
Recevez mes derniers adieux.

POLIDORE, crû D.

Ciel ! à m'abandonner, vous consentez sans peine !
Que devient cet amour dont j'etois si charmé ?
Ah ! je le vois trop, Inhumaine,
Vous ne m'avez jamais aimé.

DEIDAMIE.

Vous m'accusez d'indifference !
Cruel ! vous ajoûtez ce comble à mon malheur !

POLIDORE, crû D.

Pardonnez ce reproche à la vive douleur
D'un cœur qui perd toute esperance.

ENSEMBLE.

Quel sort pour nos tendres amours !
O douleur ! ô supplice extrême,
De s'arracher à ce qu'on aime,
Et de le perdre pour toûjours !

POLIDORE, crû D.

Non, à me voir périr, on doit plutôt s'attendre.

DEIDAMIE.

Dieux ! qu'oseriez-vous entreprendre ?

POLIDORE, crû D.

On a flaté mes vœux de l'espoir le plus doux ;
Contre mes Ennemis je sçaurai vous défendre,
Ou j'expirerai par leurs coups.

C'en est fait, mon cœur se livre
Au transport le plus affreux :
Eh ! que m'importe de vivre,
Si je ne puis être heureux ?

DEIDAMIE.

O, d'un songe fatal, effet trop veritable ?
Je crois entendre encor ce bruit de voix confus,
Qui porte jusqu'à moi cet Arrêt effroyable :
Deiphile n'est plus.

POLIDORE, crû D.

Que vois-je ! vous pleurez !

DEIDAMIE.

Vous voyez mes allarmes :
Vôtre sang va couler ; dois-je épargner mes larmes ?

POLIDORE, crû D.

Ah ! quelque soit mon sort , rien ne peut m'effrayer,
Après ce que je viens d'entendre :
Vos larmes viennent de payer
Tout le sang que je vais répandre.
Je cours assembler mes amis.

DEIDAMIE.

Demeurez.

POLIDORE, crû D.

Non, l'Amour en d'autres lieux, m'ap-
                    pelle.
Adieu ; je descendrai dans la Nuit éternelle,
Ou les Grecs nous tiendront ce qu'ils nous ont pro-
                    mis.

DEIDAMIE.

Cher Prince ! il fuit ! rien ne l'arrête !
Grands Dieux, qui voyez mon effroi,
Détournez loin de lui l'éclat de la tempête,
Et faites-la tomber sur moi.

SCENE III.

POLYMNESTOR, ILIONE, DEIDAMIE.

POLYMNESTOR.

PRinceſſe, pour les Grecs, je ſignale mon zele,
    Timante ne veut point parler ;
Mais quoique les tourments ne puiſſent l'ébranler,
Il faut que malgré lui, ſon ſecret ſe révele.
Par mes ſoins Theano va ſe rendre en ces lieux :
Des effets de ſon Art, ſoyez témoin fidelle.

DEIDAMIE.

Theano bleſſeroit mes yeux ;
Conſultez l'Enfer avec Elle,
Je ne conſulte que les Dieux.

Elle ſort.

ILIONE.

Seigneur, de Theano que voulez-vous apprendre ?

POLYMNESTOR.

Vous allez la voir, et l'entendre.

SCENE IV.
THEANO, POLYMNESTOR, ILIONE.
THEANO.

POurquoi m'arrache-t'on de mes Cavernes sombres?
  Roi des Thraces, que me veux-tu!
Theano n'a recours à l'Empire des Ombres
  Que pour proteger la Vertu.

POLYMNESTOR.

C'est pour confondre l'imposture
Que je vous appelle en ces lieux.

THEANO.

Hé bien, la nuit la plus obscure
Va se dévoiler à vos yeux.

Envain dans le milieu de ta vaste Carriere
  Tu brilles, puissant Dieu du jour.
Une profonde nuit va rendre ce séjour,
  Impénétrable à la lumiere.

Troupe à ma voix toujours fidelle,
Vous qui commandez aux Enfers,
Faites éclater vôtre zele.
Hâtez-vous, traversez les airs,
C'est Theano qui vous appelle.

CHOEUR de Magiciens.

Nous accourons à ta voix,
Nous réverons ta puissance;
Parle; nôtre obéissance
Attend tes suprêmes loix.

On danse.

POLYMNESTOR.

Calchas de Polidore a cru percer le flanc,
Et ce même Calchas demande encor son Sang.
Il n'est rien que l'Enfer à vos yeux ne révêle,
D'un sort encor douteux percez l'obscurité,
Et du séjour de la nuit éternelle,
Faites sortir la Verité.

CHOEUR.

Commençons nos enchantements:
Par nos cris redoublez, ouvrons le sombre abîme.
Forçons, forçons l'Enfer par nos Commandements,
A seconder l'ardeur qui nous anime.

THEANO.

Que pour moi vôtre Art se signale,
Redoublez vos Enchantements.

Arrachons Polidore à la nuit infernale,
La mort même est soumise à nos commandements.

LE CHOEUR.

Arrachons Polidore à la nuit infernale,
La mort même est soumise à nos commandements.

On danse.

 POLIDORE,
THEANO.

Toi, dont le nom fatal fait naître tant d'allarmes,
Malheureux Polidore, obéis à mes charmes :
Fils de Priam, entends ma voix.
Quitte l'affreux séjour des Ombres,
Sors des Royaumes sombres,
Mes enchantements sont des loix.

LE CHOEUR répête.

THEANO, à POLYMNESTOR.
Rien ne répond. Polidore respire.
A paroître à nos yeux mon art l'auroit forcé.

POLYMNESTOR.

L'Enfer reconnoît vôtre Empire ;
Mais l'Enfer veut être pressé.

THEANO.

Hé bien, qui-que tu sois malheureuse Victime,
Viens, sors du ténébreux abîme.

SCENE V.

SCENE V.

L'OMBRE DE DEIPHILE,
Et les Acteurs de la Scene précédente.

L'OMBRE.

*P*Ere cruel, que veux-tu de ton Fils?

POLYMNESTOR.

Mon Fils ! qu'entends-je ? je frémis.

L'OMBRE.

Dans les Enfers je vais attendre
Le sang qui te reste à répandre.

SCENE VI.

POLYMNESTOR, ILIONE.

POLYMNESTOR.

N'En doute point, mon Fils, tu seras satisfait ;
Tes cris m'avoient déja demandé ta victime:
Pardonne, j'ignorois & ta mort & mon crime.
Pere infortuné, qu'ai-je fait?
Mon Fils est descendu dans la nuit éternelle.
Helas ! j'ai fait tomber sous un funeste fer
Tout ce que j'avois de plus cher.

E

POLIDORE,

Tremble, frémis, Reine cruelle;
Pour te percer le cœur, je sçais sur qui frapper.
Ton frere ne peut m'échapper.

ILIONE.

Qu'entens-je, justes Dieux !

POLYMNESTOR.

L'Enfer vient de m'instruire.

ILIONE.

Et quoi, prêt à porter les plus funestes coups,
Est-ce à l'Enfer à les conduire?
Ah! craignez de trop suivre un aveugle courroux.

ENSEMBLE.

Maîtres des Cieux & de la Terre;
Dieux, { *secondez mon bras vengeur.*
        { *arrêtez son bras vengeur.*

Ah! plûtôt { *que trahir ma haine & ma fureur,*
           { *que servir sa haine & sa fureur.*
Lancez sur moi vôtre Tonnerre.

FIN DU QUATRIEME ACTE.

ACTE CINQUIÉME.

Le Théatre repréfente le Periftile du Palais de POLYMNESTOR.

SCENE PREMIERE.

POLIDORE paroît avec une Troupe de Thraces armez, ils occupent un côté du Théatre.

POLIDORE, crû D.

Uerriers, faifons tête à l'orage,
Montrons une noble fierté.
Les Grecs menacent ce Rivage,
Défendons nôtre liberté ;
Ils ofent trahir leur promeffe ;
Ils redemandent la Princeffe,
C'eft à nous d'en répondre, elle eft dans ce Palais.

POLIDORE,

Toi, qu'ils ont attefté, Dieu garand de la paix.

Venge-nous, venge ton injure.
O Mars ! contre un Peuple parjure,
Lance tes plus terribles traits.

CHOEUR.

Toi, qu'ils ont attefté, &c.

POLIDORE, crû D.

Mais quel foin empreffé conduit ici la Reine?
Ah! je vois trop ce qui l'ameine.

※※※※※※※※※※※※※※※※※※※※※※※※※※※※※※

SCENE II.

ILIONE, POLIDORE;

Troupe de Thraces.

POLIDORE, crû D.

Venez-vous rappeller un Fils à fon devoir?
Vous avez fur mon cœur un abfolu pouvoir:
Mais, helas ! dans un cœur trop tendre
L'Amour réduit au defefpoir,
Eft le feul qui fe fait entendre.
Je défends ce que j'aime....

ILIONE.

Eh l croyez-vous n'avoir
Que vôtre Princeffe à défendre?

POLIDORE, crû D.

Sur mon bras fondez vôtre efpoir.
Mais, quels nouveaux Guerriers !...

****

SCENE III.

ILIONE, POLIDORE;
Troupe de THRACES, Troupe de TROYENS
armez, qui se placent vis-à-vis celle des THRACES.

ILIONE.

C'Est moi qui les appelle.
Thraces, Troyens, écoûtez-moi.
Thraces, pour vôtre Chef signalez vôtre zele.
Vous, Troyens, voilà vôtre Roi.

POLIDORE.

Leur Roi !

ILIONE.

N'en doutez point. Priam vous a fait naître ;
Mon trouble, mes transports, tout vous le fait connoître.

POLIDORE, reconnu.

Ciel ! qu'entends-je ? Et le Roi ?

ILIONE.
Le Roi n'a plus de Fils.
Sous le fer de Calchas.....

POLIDORE.
Arrétez.....Je frémis.

Renfermez ce secret dans un profond silence.

ILIONE.

Ah ! ce mystere affreux n'est que trop révélé.
Les Enfers ont déja parlé ;
On veut nous en punir, prévenons la vengeance.

Thraces, il est trop vrai. Le Roi n'a plus de Fils :
Mais par vous, Ilion renaîtra de sa cendre,
Un autre Hector est prêt à nous défendre
Contre nos communs ennemis.

CHOEUR de Thraces, et de Troyens.

Pour lui tout nôtre sang brûle de se répandre ;
Qu'il vive, qu'il regne sur nous.

POLIDORE.

Peuples, d'un choix si beau je soûtiendrai la gloire.
Et je réponds de la victoire
Avec des Guerriers tels que vous.

POLIDORE, ILIONE.
ENSEMBLE.

Que l'horreur, la haine & la rage,
Que la mort regne dans ces lieux :
Qu'on répande un sang odieux,
Qu'il inonde tout ce Rivage.

P O L I D O R E.

Marchons. *Que vois-je? ô Ciel! ah! c'eſt Deidamie.*
Puiſſe-t'elle, grands Dieux! apprendre qui je ſuis.
Sans devenir mon ennemie:
Elle vient.

I L I O N E.

Fuyez.

P O L I D O R E.

Je ne puis.
Je ne veux qu'un moment lui parler, & l'entendre.
    Aux Guerriers.
Je marche ſur vos pas.

I L I O N E.

Dieux! daignez le défendre.

***

S C E N E IV.

D E I D A M I E, P O L I D O R E.

D E I D A M I E.

AH! Prince vous allez périr;
Nos Guerriers en fureur abordent le Rivage:
Il en eſt temps encor, prévenez cet orage.
Voyez couler mes pleurs, laiſſez-vous attendrir.

      P O L I D O R E,
POLIDORE.

C'eſt du ſang, non des pleurs que la Grece demande

DEIDAMIE.

Il y va de vos jours, il faut remplir ſes vœux.

POLIDORE.

Si vous ſçaviez quel ſang....

DEIDAMIE.

C'eſt un ſang malheureux
Que la Grece veut qu'on répande.
Helas! avons-nous en ce jour
Rien de plus cher que nôtre amour?

POLIDORE.

On veut le ſang de Polidore :
Je ſçais qu'il vous eſt odieux :
Mais, helas! par ces pleurs qui coulent de vos yeux,
Souffrez qu'en ſa faveur ma bouche vous implore.

DEIDAMIE.

Quoi! c'eſt à moi qu'on a recours
Pour épargner un ſang ſi digne de ma haine!
Le lâche Raviſſeur d'Helene,
De l'Auteur de ma vie a terminé les jours;
Et je pourrois ſauver ſon frere!
Trahirois-je à la fois ma Patrie, et mon Pere?

POLIDORE,

POLIDORE.

Ah! c'en est trop. Il faut vous le livrer.

DEIDAMIE.

Me le livrer vous-même! Ah, Prince! est-il possible?

POLIDORE.

Vous le haïssez trop, sa perte est infaillible,
Et vous venez de la jurer.

DEIDAMIE.

Qu'attendez-vous? pourquoi la differer?
De ce retardement mon cœur vous fait un crime.

POLIDORE.

Ce cœur dans sa vengeance est-il bien affermi?

DEIDAMIE.

Hâtez-vous de servir la haine qui m'anime.

POLIDORE.

Hé bien, frapez; voicy vôtre victime.
Vôtre Amant est vôtre Ennemi.

DEIDAMIE.

Mon Ennemi! qui? vous? grands Dieux! le puis-je
POLIDORE.   *[croire!*

C'est de Priam que j'ai reçu le jour.

DEIDAMIE.

Que deviens-je? ô mon Pere! ô funeste séjour!
Que tu vas coûter à ma gloire!
Quels mouvements divers m'agitent tour-à-tour!
Dieux! qui doit dans mon cœur, remporter la victoire,
De ma haine ou de mon amour?

F

S C E N E V.

D E I D A M I E , P O L I D O R E ;
Chœur des Grecs, derriere le Théâtre.

LE CHOEUR.
Que le fils de Priam périsse.

D E I D A M I E.
Quels cris !

P O L I D O R E.
Vous entendez l'Arrêt de mon trépas.
Il est temps que la haine acheve un sacrifice
Dont l'amour ne me sauve pas.

D E I D A M I E.
Ah , Barbare ! demeure. Où porte-tu tes pas ?

P O L I D O R E.
C'est à vous d'ordonner du sort de Polidore.
Doit-il vivre , doit-il mourir ?
Quelque soit son destin , vous l'y verrez courir.

D E I D A M I E.
Va , fatal Ennemi , que malgré moi j'adore ,
A mon cœur éperdu ne demande plus rien ,
Et fais mieux ton devoir que je ne fais le mien.

P O L I D O R E.
Qu'entends-je ! quel aveu ! ma victoire est certaine :
Je ne craignois que vôtre haine.

SCENE VI.
DEIDAMIE.

IL va combattre. O trop funeſte amour !
C'eſt par toi que ma gloire eſt pour jamais flétrie.
Qu'ai-je fait ? ô devoir, ô vengeance, ô Patrie !
Je vous trahis-tous en un jour.

De quel ſang va rougir la terre ?
Mars fait déja voler ſes plus terribles traits :
Je devois ſur ces bords faire regner la paix,
Et j'y viens rallumer le flambeau de la guerre.

Grands Dieux, ne m'en puniſſez pas !
Vous le pouvez d'un ſeul trépas ;
La mort de mon Amant vous répond de la mienne :
Mais ſi vous prenez ſoin de ſes jours malheureux,
Permettez que je me ſouvienne
Que l'Ombre de mon Pere autoriſe mes feux.

Bruit de guerre.

Quel bruit ! Ciel ! arrêtez. Quel horrible courroux !
Barbares, Contre moi tournez plûtôt vos coups.

SCENE VII.

DEIDAMIE, Chœur de Thraces & de Troyens
derriere le Théatre.

LE CHOEUR,

Victoire, triomphe, victoire.

DEIDAMIE.

Justes Dieux ! quel est le Vainqueur ?

LE CHOEUR.

Polidore est comblé de gloire.
Victoire, triomphe, victoire.

DEIDAMIE.

Ah ! que ces chants heureux ont d'attraits pour mon
cœur !
Mais, le Roi vient. Fuyons le transport qui l'agite.

SCENE DERNIERE.

POLYMNESTOR, l'Epée à la main ;
Troupe de THRACES.

POLYMNESTOR,

Barbares, laissez-moi ; vôtre zele m'irrite ;
   Est-ce ainsi qu'on sert mon courroux ?
   Ma Victime échappe à mes coups ;
Laissez-moi l'immoler, ou m'immolez-moi-même ,
Livrez-moi Polidore, ou terminez mon sort ;
   Je me fais un bonheur suprême
   De ma vengeance ou de ma mort.

Terre, pour m'engloutir n'as-tu pas quelque abîme ?
Mais ce n'est qu'aux Enfers que je dois m'adresser ;
   Séjour de l'horreur & du crime ,
   C'est à toi seul de m'exaucer.

Quel bruit ! quelles clameurs ! quel phantôme s'a-
                     vance !

   Courons audevant de ses pas.
Justes Dieux ! c'est mon Fils ; il demande vengeance:
Lui-même il vient m'ouvrir les portes du trépas.

Arrête ; je ne puis soutenir tes approches.
Quels regards furieux ! quels funestes reproches !
Tu m'accuses tout à la fois
De parricide & de parjure ;
Eh bien, étouffons ce murmure,
Reçoi le sang que je te dois.

Il se tuë.

F I N.

A P R O B A T I O N.

J'A y lû par Ordre de Monseigneur le Chancelier, la Tragedie de *Polidore*, Opera. A Paris, ce seiziéme Mars 1739. JOLLY.

Na. Que l'on devoit Remettre cette Piece dès le sept d'Avril, qu'elle n'a cependant pas été représentée avant le vingt-et-un.

PRIVILEGE DU ROY.

LOUIS par la grace de Dieu, Roy de France & de Navarre : A nos amez & feaux Conseillers, les Gens tenans nos Cours de Parlement, Maîtres des Requêtes ordinaires de nôtre Hôtel, Grand Conseil, Prevôt de Paris, Baillifs, Sénéchaux, leurs Lieutenans-Civils, & autres nos Justiciers qu'il appartiendra, Salut. Nôtre cher & bien amé le Sieur LOUIS-ARMAND-EUGENE DE THURET, cy-devant Capitaine au Regiment de Picardie ; Nous a fait représenter que, par Arrest de nôtre Conseil du 30. May 1733. Nous avons revoqué le Privilege qui avoit été accordé au Sieur le Comte & ses Associez, pour raison de l'Academie Royale de Musique, ses circonstances & dépendances, & rétabli ledit Privilege en faveur dudit Sieur Exposant, pour en joüir par luy, ses Associez, Cessionnaires & Ayans-cause aux charges & conditions portées par ledit Arrest, pendant le temps & espace de vingt-neuf années, à compter du premier Avril de ladite année 1733. Et que pour l'exploitation dudit Privilege, ledit Sieur Exposant se trouve obligé de faire imprimer & graver les Paroles & la Musique des Opera qui doivent être représentez; mais que pour cet effet il a besoin de nôtre permission & des Lettres qu'il Nous a tres-humblement fait supplier de luy accorder. A CES CAUSES, voulant favorablement traiter ledit Exposant : Nous luy avons permis & permettons par ces Presentes de faire imprimer & graver *les Paroles & Musique des Opera, Ballets & Fêtes qui ont été ou qui seront représentez par l'Academie Royale de Musique, tant séparément que conjointement* en tels Volumes, forme, marge, caractere, & autant de fois que bon luy semblera, & de les faire vendre & débiter par tout nôtre Royaume, pendant le temps de vingt-neuf années consecutives, à compter du jour de la datte desdites Presentes. Faisons défenses à toutes personnes, de quelque qualité & condition qu'elles soient d'en introduire d'Impression ou Gravüre Etrangere dans aucun lieu de nôtre obéïssance : Comme aussi à tous Imprimeurs, Libraires, Graveurs, Imprimeurs, Marchands en Taille-Douce, & autres de graver, ny faire graver, imprimer, ou faire imprimer, vendre, faire vendre, débiter ny contrefaire lesdites Impressions, Planches & Figures de Paroles, de Musique des Opera, Ballets & Fêtes, qui ont été ou qui seront representez par ladite Academie Royale de Musique, tant separément que conjointement en tout ny en partie, sans la permission expresse & par écrit dudit Sieur Exposant, ou de ceux qui auront droit de luy ; à peine de confiscation, tant des Planches & Figures, que des Exemplaires contrefaits & des Ustanciles qui auront servy à ladite contrefaçon, que Nous entendons être saisis en quelque lieu qu'ils soient trouvez ; de dix mille livres d'amende contre chacun des Contrevenans, dont un tiers à Nous, un tiers à l'Hôtel-Dieu de Paris, l'autre tiers audit Sieur Exposant, & de tous dépens, dommages & interests, à la charge que ces Presentes seront enregistrées tout au long sur le Registre de la Communauté des Libraires & Imprimeurs de Paris, dans trois Mois de la datte d'icelles ; Que la Gravüre & Impression desdites Paroles & Opera sera faite dans nôtre Royaume & non ailleurs, en bon papier & beaux caracteres, conformément aux Reglemens de la Librairie, & notamment à celui du dix Avril 1725. & qu'avant que de les exposer en vente, les Manuscrits gravez ou imprimez seront remis dans le même état où les Aprobations auront été données és mains de nôtre tres-cher & feal Chevalier Garde des Sceaux de France, le Sieur Chauvelin ; & qu'il en sera ensuite remis deux Exemplaires de chacun dans nôtre Bibliotheque publique, un dans celle de nôtre Château du Louvre, & un dans celle de nôtre tres-cher & feal Chevalier Garde des Sceaux de France, le Sieur Chauvelin ; Le tout à peine de nullité des Presentes ; Du contenu desquelles Vous mandons & enjoignons de faire joüir ledit Sieur Exposant, ou ses Ayants-cause, pleinement & paisiblement sans souffrir qu'il leur soit fait aucun trouble ou empeschement. Voulons que la Copie desdites presentes, qui sera imprimée tout au long au commencement ou à la fin desdites Paroles ou Opera, soit tenuë pour düement signifiée ; & qu'aux Copies collationnées par l'un de nos amez & feaux Conseillers & Secretaires, foy soit ajoûtée comme à l'Original. Commandons au premier nôtre Huissier ou Sergent, de faire pour l'execution d'icelles tous Actes requis & necessaires, sans demander autre permission, & nonobstant Clameur de Haro, Chartre Normande & Lettres à ce contraires. CAR tel est nôtre plaisir. DONNE' à Fontainebleau le douziéme jour de Novembre, l'An de Grace mil sept cent trente-quatre, & de nôtre Regne le vingtiéme ; *Et plus bas*, Par le Roy en son Conseil. Signé SAINSON, avec paraphe.

J'ay cedé à M. BALLARD le present Privilege, suivant le Traité fait avec luy le premier Septembre 1730. A Paris ce 23. Novembre 1734. DE THURET.

Regiſtré enſemble la Ceſſion, ſur le Regiſtre VIII. de la Chambre Royale des Libraires & Imprimeurs de Paris N. 797. fol. 779. conformément aux anciens Reglemens confirmez par celuy du 28. Fevrier 1723. A Paris le 23. Novembre 1734. G. MARTIN, Syndic.